王莽改制

◎ 主编 金开诚

◎ 编著 丁爽

吉林出版集团有限责任公司

吉林文史出版社

图书在版编目（CIP）数据

王莽改制／丁爽编著. 一长春：

吉林出版集团有限责任公司：吉林文史出版社，2010.11（2023.4重印）

ISBN 978-7-5463-4141-5

Ⅰ.①王… Ⅱ.①丁…

Ⅲ.①王莽（约前45~23)-传记 Ⅳ.①K827=341

中国版本图书馆CIP数据核字(2010)第222301号

王莽改制

WANGMANG GAIZHI

主编／金开诚　编著／丁　爽

项目负责／崔博华　责任编辑／崔博华　邱　荷

责任校对／邱　荷　装帧设计／柳甫泽　张红霞

出版发行／吉林出版集团有限责任公司　吉林文史出版社

地址／长春市福祉大路5788号　邮编／130000

印刷／天津市天玺印务有限公司

版次／2010年11月第1版　印次／2023年4月第5次印刷

开本／660mm×915mm　1/16

印张／9　字数／30千

书号／ISBN 978-7-5463-4141-5

定价／34.80元

前　言

　　文化是一种社会现象，是人类物质文明和精神文明有机融合的产物；同时又是一种历史现象，是社会的历史沉积。当今世界，随着经济全球化进程的加快，人们也越来越重视本民族的文化。我们只有加强对本民族文化的继承和创新，才能更好地弘扬民族精神，增强民族凝聚力。历史经验告诉我们，任何一个民族要想屹立于世界民族之林，必须具有自尊、自信、自强的民族意识。文化是维系一个民族生存和发展的强大动力。一个民族的存在依赖文化，文化的解体就是一个民族的消亡。

　　随着我国综合国力的日益强大，广大民众对重塑民族自尊心和自豪感的愿望日益迫切。作为民族大家庭中的一员，将源远流长、博大精深的中国文化继承并传播给广大群众，特别是青年一代，是我们出版人义不容辞的责任。

　　本套丛书是由吉林文史出版社和吉林出版集团有限责任公司组织国内知名专家学者编写的一套旨在传播中华五千年优秀传统文化，提高全民文化修养的大型知识读本。该书在深入挖掘和整理中华优秀传统文化成果的同时，结合社会发展，注入了时代精神。书中优美生动的文字、简明通俗的语言、图文并茂的形式，把中国文化中的物态文化、制度文化、行为文化、精神文化等知识要点全面展示给读者。点点滴滴的文化知识仿佛颗颗繁星，组成了灿烂辉煌的中国文化的天穹。

　　希望本书能为弘扬中华五千年优秀传统文化、增强各民族团结、构建社会主义和谐社会尽一份绵薄之力，也坚信我们的中华民族一定能够早日实现伟大复兴！

目录

一、显赫出身

汉元帝初元四年（公元前45年），刚刚即位四年的汉元帝举行了声势浩大的祭天大典和祭祀地神后土的仪式，用以证明他是一个慈悲为怀、敬天爱民的好皇帝，以便得到天地神灵的保佑。

但是，在这一年，宫廷史官漏记了一件头等大事，那就是王莽的降生。不过，谁又会想到，这个毫不起眼的小生灵，竟在以后西汉帝国的政治舞台上，大书特书了一段极其精彩的历史篇章呢？作为第一

个用"篡弑"而不是以流血的方式登上皇
位的帝王，王莽是如何一步步掌控大权
篡汉称帝的呢？这还要从他的出身说起。

（一）王氏家族

　　王氏家族是一个古老而又显赫的家
族，它的历史可以追溯到春秋时期的田齐
王族。王莽称帝后，曾追述自己的世系。

　　他说：黄帝姓姚氏，八世生虞舜，
舜起妫汭，以妫为姓。至周武王封舜后
妫满于陈，是为胡公，十三世生完。完
子敬重，奔齐。齐桓公以为卿，姓田氏。
十一世，田和有齐国，世称王，至王建
为秦所灭。项羽起，封建孙安为济北王。
至汉兴，安失国，齐人谓之"王家"，因

以为氏。

在这里，王莽列出王氏是齐国田氏后裔这一点没有疑义，但田氏之前的那个虚无缥缈的世系就没有多少真实的历史依据了。王莽之所以把传说与真实的世系捏合在一起，就是为了给自己篡汉找到一个神圣的依据。刘邦曾自诩为尧的后代，那么，按照"五德终始"和"三统""三正"的理论，王莽作为舜的后代，取代尧后的刘氏皇朝就是命中注定、天理昭然的事了。

王莽的姑姑是汉元帝的皇后王政君。在汉元帝还是皇太子的时候，王政君有幸为皇家生下了嫡皇孙刘骜（后来的汉成帝）。汉元帝即位后，封刘骜为皇太子，王政君被封为皇后，其父王禁被授"特进"（授列侯中有特殊地位的人的一种加衔）的荣耀职位，连王禁的弟弟王弘也被任为长乐卫尉

（长乐宫的卫戍司令）。王家开始得道。

竟宁一年（公元前33年）汉元帝驾崩，太子刘骜即位，史称汉成帝。王政君被尊为皇太后，王氏外戚迅速勃兴，成帝封舅父王凤为大司马、大将军，领尚书事；封舅父王崇为安成侯，其他几位舅父王谭、王商、王根、王逢时为关内侯。王家"家凡九侯，五大司马"，垄断了西汉帝国的最高权力，声势显赫，不可一世。

（二）贵族寒士

王氏一族倚仗太后王政君的势力，享受荣华富贵，并且奢侈浪费，为非作歹。但是王莽的父亲王曼死得早，没有受封，因此，与王氏其他子孙相比，王莽显得很寒酸。少年时代的王莽与寡居的母亲过着节俭的生活。

王莽所在的时代，"罢黜百家，独尊儒术"的文化政策已深入人心，知识界和政界都是儒家一统天下的局面。在这种氛围中，王莽致力于研究"经学"，并且曾向陈参学习《礼经》。他勤奋好学，对儒学的研究达到了较高的水平。他与同时代的许多儒生建立了良好的关系，这些儒生在后来他代汉称帝时，成为了一支重要的拥戴力量。而他在制订新朝政策时，也能娴熟地运用儒家经典，可见儒学修养给了他很大的帮助。

王莽为人谨慎谦虚，还尽心侍候母亲和寡嫂，养育长兄遗孤。在一群浪荡的王氏纨绔子弟中，王莽显得安分守己，受到王商、王谭的称颂。成帝阳朔三年（公元前22年），大将军王凤病倒了，王莽以子侄的身份守候在病榻旁，亲侍汤药，寸步不离。这让王凤十分感动，临终前，他向成帝推荐王莽。王凤去世后，皇太后封王莽为黄门郎，不久又迁射声校尉，这一官职是武帝设立的八校尉之一，秩为二千石。而这一年，王莽只有24岁。

由此，王莽踏上了角逐权力的道路。

二、官海沉浮

王莽已飞升到权力中心，但是耀眼的权力光环，却掩盖着血雨腥风，暗藏着层层杀机。

（一）步入政坛

二千石的射声校尉，相当于地方大吏郡太守的级别，很多人在官场奋斗一辈子也无法达到这个高度，而王莽一个二十多岁的年轻人就升到如此高的地位，这在汉朝历史上是不多见的。王莽知道自己迅速飞升的原因，因此，他在登上最高位之前，依然小心翼翼，外交儒生、名士，内侍姑母、叔父，在自己的官途上稳步前进。

永始元年（公元前16年），王商为王莽向成帝讨封，愿分自己的户邑以封王莽；与此同时，王莽结交名士的活动也取得了效果，戴崇、金涉、箕闳、陈汤等一班有影响的儒学名士，众口一词地赞扬王莽；加之成帝对这位表兄也颇有好感，因为在其他王氏子弟耽于声色犬马的时候，只有王莽表现出不同凡响的品性和作风。成帝看到这么多重要人物举荐王莽，于是下令封王莽为新都侯，同时又晋升他为骑都尉、光禄大夫、侍中。由此，王莽跻身为中朝官，成了具有相当影响和权力的大臣。

但是，王莽并没有沾沾自喜，他不仅更细致周到地为皇帝服务，竭尽全力地服侍叔父们，而且"节操愈谦""家无所余"地结交将相卿大夫。他通过这些举措收到了意料之中的效果：在朝的王氏党徒纷纷举荐王莽，称其"才大可用"；在野的儒学名士也一齐赞扬王莽为"世之楷模"。王莽在朝野所获得的声望，不仅超过了那些醉生梦死的王氏兄弟们，甚至也盖过了那些大权在握的叔父们。

这次的升迁对于王莽来说，不过是他政治生涯中的一个阶梯而已。他的目标远远不止于此。

（二）棋逢对手

王莽的声誉与日俱增，大司马大将军的官位也一天天地向他靠近。

绥和元年（公元前 8 年），正做着大司马大将军的王根处在重病之中，数次上疏"乞骸骨"，要求离职养病。许久以来就对大司马大将军这个汉朝政

权中最高的官位垂涎三尺的王莽，此时却显得寝食不安。

王根病退后，这个位置一定会由王氏外戚中的人担任。王莽环顾左右，在王氏宗族里，他那些终日追逐声色犬马的兄弟们是无法与自己竞争的，因此能够继王根而为大司马大将军的，只有他是最合适的人选。但这时偏偏有个淳于长挡在他的面前。王莽心里明白，淳于长不仅是自己的竞争者，而且有可能成为获胜者，所以他必须除掉淳于长。

淳于长，字子儒，魏郡元城（今河北大名东）人，是王政君姐姐王君侠的儿子。少年时因与元后关系密切，差不多与王莽同时做了黄门郎。王凤去世后，淳于长又被任命为校尉诸曹，接着升为水衡都尉侍中，很快又晋升卫尉。这时淳于长的官位和权势已经超过了王莽。

也正是在这时，淳于长利用自己与元后的关系，说服了元后，立成帝的宠姬赵飞燕为皇后。成帝因此对淳于长十分感激，赐爵关内侯，食邑千户，后又被封为定陵侯。此后，淳于长开始胡作非为，还曾与成帝的废后许皇后发生过纠葛。

不幸的是，淳于长为非作歹的事都被王莽一一记下了。

王莽对王根采取了与当年对待王凤一样的措施，即在王根的病榻前侍奉，其尽心和忠诚，超过了王根的亲儿子。并且他利用这个机会，向王根进谗，说淳于长见到王根病重十分高兴，认定自己将要取代大将军的位置，王莽还将淳于长的丑行大肆渲染，王根听了很生气，指示王莽向太后报告淳于长的问题。可怜一直在骄奢淫逸中等待大将军职位的淳于长，就这样被免去了官职。

淳于长为了改善自己的境遇，对他的舅舅、红阳侯王立大搞贿赂，央求王立为自己说情，以便让成帝收回成命。谁

知这一行动又被成帝发觉了，在王莽的积极煽动下，淳于长终于被送上了断头台。红阳侯王立也被赶到自己的封地去闭门思过。

在这场争夺大司马大将军位置的斗争中，王莽初施谋略，便痛快淋漓地击败了唯一的竞争者，在38岁的时候，就"拔出同列，继四父而辅政"，登上了大司马大将军的宝座，在他的政治生涯中，迈出了具有决定意义的一步。

（三）被谪江湖

王莽虽然做了大司马大将军，但是他并没有心满意足。他的当务之急，是使自己已经远播朝野的声名再上一层楼。因此，他并不因官高位尊而盛气凌人，而是广泛网罗有识之士，千方百计地收买人心，扩大政治影响，拉拢和积聚自己的力量，增强统治基础。

在王莽当了大司马大将军一年之后，即绥和二年（公元前7年），汉成帝病死，年仅45岁。因其无子，定陶共王刘康的儿子刘欣于同年四月被推上帝位，即汉哀帝。这一事件使王莽的政治生涯发生了巨大的波折。

随着新皇帝的登基，哀帝外戚大量地涌进朝廷，因而与王氏外戚争权夺利的矛盾就逐渐尖锐起来。哀帝即位后不久，在未央宫举行的一次盛宴上，王莽坚决反对定陶太后与元后并肩而坐。因为定陶太后在名分上是藩妾，不能与至尊并列。定陶太后看到自己坐不到上位，大骂王莽，拒绝出席。面对这一尴尬局面，王莽上书"乞骸骨"，向哀帝示威。哀帝迫于定陶太后

的压力，更重要的是对这个位高权重的王莽感到厌恶，于是就顺水推舟，给王莽一些虚假的名誉后，就让他在京闲居，两年后，又借故将其遣送到自己的封地南阳。

随着王莽的去职，不少王氏党羽也纷纷被调离重要岗位或罢官去职，一些与王莽关系密切的人也见风使舵，投到了哀帝一方。王氏外戚在朝廷的势力被大大削弱了。

在这一回合的争斗中，哀帝利用专制皇帝至高无上的权力，使王莽遭到了连他自己都意想不到的失败。

被迫谪居南阳，这对在仕途上一路顺风的王莽当然是不小的打击。但是，王莽比任何人都明白：哀帝及其左右可以利用皇帝的威严和权力削弱王氏外戚的力量，却无法在短时间内毁掉他们在朝野的社会基础。因此，王莽身居南阳，眼观京师，随时都做好搏击的准备。

以外藩继皇位的刘欣，是一位昏庸无能、愚蠢荒唐的封建帝王。他荒淫无耻、任用非人，造成了政治的昏乱。

谪居南阳的王莽冷眼旁观着西汉朝廷上发生的种种光怪陆离的荒唐事件，看着丞相、大司马走马灯式易人的昏乱政治，不免得意窃笑。实际上，王莽的谪居并不是在冬眠，而是在养精蓄锐。在此期间，他给自己规定的任务是：结交各级官吏，猎取声名，等待时机，东山再起。

　　王莽在南阳韬光养晦期间，做了两件大事：一是逼子自杀。建平二年（公元前5年），王莽回到南阳封地不久，他的二儿子王获杀死了家中的一个奴婢。这种事情在当时的贵族或是富豪家中是经常发生的，王莽只要稍微谴责儿子，再向官府交点罚款，问题也就解决了。然而，王莽不仅严厉地责骂了儿子，而且命令儿子自杀以偿奴婢之命，把一桩小事变成了引起轰动效应的大事；二是结交名流。王莽刚回到南阳的时候，南阳太守为了与他结交，特地选了儒学名士孔休做王

莽的新都郎。王莽并不因孔休职位低微而有丝毫怠慢之意，对孔休毕恭毕敬。

这两件事为王莽赢得了爱惜奴婢、礼贤下士的名声。离开了大司马的高位，不但没有降低他的威望，反而增加了他在官民心中的分量。不久，历史的机遇再次降临到王莽面前。

三、谋权篡汉

　　元寿元年（公元前2年）正月初一，发生日食，周护、宋崇等借此机会向哀帝上书，为王莽大唱赞歌。哀帝迫于舆论压力，只得让王莽重返京师。于是王莽结束了三年的南阳生活，重回政治中心所在地，这使他能够迅速了解国内的政治变化，广泛联络京城内外官员，以便做好准备，随时重返政坛。

（一）重掌大权

元寿二年（公元前 1 年）六月，荒唐而短命的汉哀帝驾崩。哀帝无子，收拾残局的重任又落到了年迈但仍然健康的元后王政君身上。大司马董贤对办理丧事事宜一无所知，于是元后命王莽协助董贤办理哀帝丧礼，同时，又将兵符、百官奏事及中黄门、期门等卫兵的统帅权交给王莽，实际就是把汉皇朝的军国大权都委托给了王莽。正所谓："其提携刘氏之天下授之王氏，在指顾之间耳。"

王莽重掌朝政后，做的第一件大事就是逼死董贤。王莽以元后的名义劾奏董贤，罢去董贤的大司马之职。董贤知道王莽不会放过自己，罢黜当日就与妻子一起自杀了。罢免董贤后，王莽任大司马，领尚书事，名正言顺地成为了辅政大臣。

王莽做的第二件大事，是立新帝。因哀帝无嗣，元帝的直系重孙辈只有中山孝王的儿子刘衎。元寿二年的七月，刘衎即位，他就是汉平帝，时年9岁。因其年幼，元后临朝称制，王莽以大司马大将军的职务专擅了一切。

王莽做的第三件大事，是清除异己。王莽以牵强的罪名迫令成帝皇后赵飞燕和哀帝傅皇后自杀，并把傅、丁两家外戚及其亲族一律赶出京师，去除了一批可能对王莽专权构成障碍的人；同时，王莽还任名儒、孔子嫡孙孔光的女婿甄丰为侍中奉车部尉，作为自己的得力爪牙。凡朝中大臣不为王莽所用者，皆被捏造罪名，"傅致其罪"，或杀或罢，悉加扫除；王莽的叔父王立、王仁这时只是闲住于京师，王莽也感到他们可能构成自己专权的障碍，就凭空给他们加上一连串罪名，挟持元后下令让他们离开京师回到

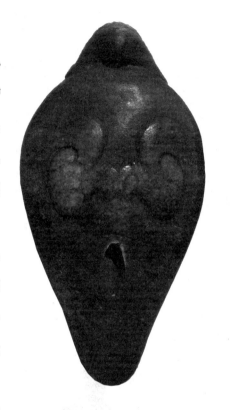

董仲舒

自己的封地。

哀帝死后，王莽短期之内就做了以上数件大事，从而为他将来代汉打下基础。

第二次登台秉政的王莽，其气势和威严远远超过第一次任大司马时的境况。此时，对王莽的所作所为，几乎没有人敢说半个不字。王莽自己也有些飘飘然了，他认为自己应该有一个与现在的权力相当的名分。于是，他利用董仲舒的"天人感应"论，附会《尚书》记载的越裳氏向周天子献白雉的古例，指示益州官员向朝廷进献白雉、黑雉，以便据此加以发挥，谋取新的名号。

王莽的党徒此时都纷纷向元后上书，一致称颂王莽的功德，请求像周成王封周公那样封王莽为"安汉公"。王莽对此却几次谦让，直到封赏了孔光等人后，王莽才接受了元后对

他进行的西汉历史上空前隆重的封赏：

"大司马新都侯莽三世为三公，典周公之职，建万世策，功德为忠臣宗，化流海内，远人慕义，越裳氏重译献白雉。其以召陵、新息二县户二万八千益封莽，复其后嗣，畴其爵邑，封功如萧相国。以莽为太傅，干四辅之事，号曰安汉公……"

这次的封赏，无论在内容上还是形式上都使王莽高升了一步，成为两汉历史上享此殊荣的第一人。王莽一人当汉朝之大任，一身系天下之安危。

王莽得到"安汉公"的封号后，更加不厌其烦地用歌功颂德的办法来讨元后的欢心。他一方面以关心元后的健康为名，悄悄地承袭了元后的权力。王莽首先指使其爪牙上疏元后，说太后至尊，不易操劳过度，元后于是下了一道诏旨，王莽就此把朝廷的选官用人的大权拿到了自己手里。此后，王莽利用这一权力，在中央和地方进一步网罗爪牙，结党营私，一个以王氏外戚为当权核心的局面最终形成了。另一方面，王莽还想方设法为元后博取"爱民"和"节俭"的美名。他先让元后下一个"衣缯衣，颇损膳，以视天下"的诏令；之后，再率群臣向元后上疏，说太后尊贵，要元后保持太后的衣饰和膳食制度。王莽导演的这幕丑剧，取得了一箭双雕的效果：元后"勤俭爱民"的美名倾动朝野，讨元后欢心的目的达到了；王莽"忠孝"的美名再次倾动朝野，他自己沽名钓誉的目的也达到了。

王莽入仕二十多年来，不择手段地猎取美名，换取权力，以便在朝野形成

天下非莽莫属的局面。他的一切作为都
围绕着篡汉自立这一轴心进行。

（二）嫁女固权

　　王莽是在王氏外戚专擅朝政的氛围
中发迹的，他自然最清楚其家族以及自
己的权力与姑母元后的关系。而在哀帝
当政时期他从大司马位子上被赶下台的
事，也使他进一步认识到外戚的重要。
因此，对于汉平帝选皇后一事，他必须
全力干预。

　　王莽想到了一条长久之计，他要把
自己的女儿嫁给皇帝当皇后，以此来巩

固自己的权力。

元始二年（公元2年），汉平帝12岁了，考论"五经"，12岁正是娶亲的年龄。王莽上书元后，要求候选皇后的女子必须是圣帝、名王、周公、孔子、列侯的后代，这种家庭有限，而且还必须是在长安居住的，是正妻生的适龄女子。这样，可选择的范围就更小了。

实际上，王莽就是按自己女儿的情况提出这些标准的。但是出乎意料的是，很多上报的候选女子是王氏家族的，也都符合要求。

王莽看到许多王氏宗族的女子列名

其中，很怕她们与自己的女儿竞争，于是就假意上书元后，说王氏女儿"身亡德，子材下，不宜与众女并采"。元后没有领会王莽的真实意思，就下了一道"王氏女，朕之外家，其勿采"的诏令。当然，王莽的女儿也在排斥之列。

王莽不便明言反对，只得唆使其党徒向元后上书，要求选自己的女儿为皇后。于是所有的人都跑到元后面前，要求以安汉公之女为天下母。这些人之所以把国脉民命系于一个 14 岁的女孩身上，是因为在这个女孩的背后站着的是掌握了汉朝最高权力的王莽。

当王莽党徒制造的上书雪片般地飞到元后面前时，元后总算明白了王莽的心思。血自然浓于水，她也完全同意选自己娘家的女儿为皇后。

王莽的女儿做平帝皇后已是铁定的事了。这时有许多人为了讨好王莽，开始上书元后，要给王莽加封赏。正当王莽一心等待加赏的时候，发生了使他心惊肉跳的吕宽一案，封赏之事只能搁置了。

平帝即位时只有 9 岁，但王莽不允许平帝的外戚进京。王莽的长子王宇认为王莽如此对待平帝及其外戚不妥，惧怕一旦平帝长大亲政后会怨恨王莽，危及王氏宗族的安全。于是就派吕宽把鲜血洒在王莽宅第的大门上，以此来恐吓王莽。谁料吕宽办事不力，被守门人发现。王莽知道后十分生气，他再一次"大义灭亲"，把王宇送入监狱，逼他饮药而死；念在王宇妻子有孕在身，先将她关

进监狱，待孩子出生再处死；王莽还诛杀了与本案有直接联系的平帝母亲卫后家族，而且把中央到地方的异己都指为吕宽党羽，逮捕治罪。受此案牵连被处死者达数百人，全国为之震惊。

一直以来，王莽虽然生活在自己制造的血雨腥风中，把一批一批的异己送上了断头台，但是，他一刻也没忘记陈崇等人在上书中提出的封赏自己的建议。

元始四年（公元 4 年）四月，王莽的女儿正式册立为皇后，与此同时，各地官吏和百姓八千多人上书朝廷，要求给王莽以"上公"的封赏。王莽一再辞谢后，向元后要了一颗"宰衡太傅大司马印"。一颗印章虽然只是形式，却是王莽前进道路上的新标志，也是他行使宰衡权力的一个凭据。宰衡这个官职是王莽及其党徒创造的，在此之前的中国历史上从来没有这个官职。宰是主宰，衡是公正，王莽取此官名并任之，就是宣布自己已成为大汉皇朝的主宰，由此也暴露了他欲取而代之的野心。

由于王莽的声名已经远播朝野，他争取"官心"和"民心"的举措招招奏效，他的党徒们再次纷纷上书，为王莽歌功颂德。元始五年（公元5年），元后亲临未央宫，为王莽举行了加九锡的大典。封赏的册文是根据《六艺》《周官》《礼记》等典籍的记载损益而成。这次封赏后，王莽从服饰、冠冕、甲胄、弓矢，到礼器、门卫、属员、车骑、府第等，都一一更新换代。至此，就王莽的气派、排场、威仪和权力来说，只需改个称谓，他就是名副其实的皇帝了。

（三）杀帝摄权

随着汉平帝一天天地长大，王莽发现这个将届成年的小皇帝因为外戚被诛灭而对自己怀有怨心，更具威胁的是，不出四五年，平帝就要亲政，王莽的当权梦就做不成了。为了消除这个隐患，王莽策划了一条毒计。

元始五年十二月腊日，王莽借该日向皇帝供奉椒酒之机，在酒中下了慢性毒药，平帝饮用后，感到不适，卧床不起。

小皇帝病倒了，却意外地给王莽提供了一次难得的政治表演机会。王莽想到了《尚书·金縢》中所载的周公为成王祷告的故事。现在王莽要模仿周公，为平帝去祈祷。他冥思苦想，写了一篇祷文，然后跑到"泰畤"去祷告神灵，献上贵重的玉器，发誓以己身代平帝去死，祷告完毕，也把祷义藏在金匣子里，置于神殿之前，并且再三命令随行的官臣不要声张。整个过程与古书记载的情节一模一样。

但模仿毕竟是模仿。没过多久，14岁的汉平帝结束了他短暂的一生。王莽不仅除去了眼中钉，而且还借此把自己的形象抬高了一层，大大地捞了一笔政治资本。

平帝死后，元帝的后嗣断绝了。虽然元帝的父亲宣帝有许多曾孙，但是王莽考虑到，14岁的小皇帝都敢对他发脾气，如果立一个成年人做皇帝，他就失去了凌驾于皇帝之上的权力，他苦心建立起来的政治势力就会垮掉。于是，王莽借口这些曾孙辈的人与平帝是兄弟辈，不好做继承人，就从玄孙辈中选了最年幼的广戚侯子婴做继承人。这个子婴只有两岁，王莽却说子婴命相最吉。

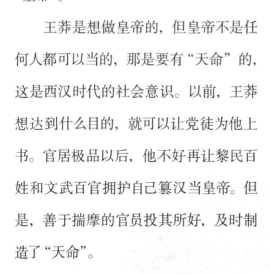

两岁的孩子做皇帝，自然做不出任何决策，而王莽官为宰衡，权倾朝野，当然都是他说了算。实际上，王莽已经掌握了皇帝的权力，只是没有做名义上的"皇帝"。

王莽是想做皇帝的，但皇帝不是任何人都可以当的，那是要有"天命"的，这是西汉时代的社会意识。以前，王莽想达到什么目的，就可以让党徒为他上书。官居极品以后，他不好再让黎民百姓和文武百官拥护自己篡汉当皇帝。但是，善于揣摩的官员投其所好，及时制造了"天命"。

平帝葬礼后不久，前辉光（王莽于公元4年改京师为前辉光与后承烈）谢嚣上奏，说他的下属武功（今陕西周至西）长孟通在浚井时得到一块上圆下方的白石，上有丹书"告安汉公莽为皇帝"八个字。

元后对于这一消息持否定态度，她坚决维护汉朝纲纪，认为这种符命是"诬罔天下，不可施行"；而拥护王莽的一派则认为汉朝已经不行了，应该换掉。王莽正想篡汉，得此符命，正中下怀。结果，元后被逼无奈，只好下诏同意王莽"居摄"。群臣从《尚书》和《周礼》中找到周公居摄的规矩，然后提出了王莽居摄的形式。主要内容有王莽穿天子的服饰，南面朝群臣，听政事；车马出入都要像天子的制度；祭天、祭祖、祭神的时候，赞词称"假皇帝"，臣民称"摄皇帝"，自称"予"，决定朝廷的一切事物。这些规定跟"真皇帝"已经没有多大区别。

居摄元年（公元6年）正月，王莽完全以皇帝的礼仪到南郊躬祀上帝，又到东郊迎春，赴明堂行大射礼，亲养三老五更，然后返宫，场面十分热闹。三月，立子婴为太子，王莽从此做起了其在中国历史上首创的摄皇帝。摄皇帝实权在握，真皇子徒有虚名，这本身就是一个十分奇特的政治现象，因此，摄皇帝与真皇子是不能长期共存的。

（四）称帝篡权

王莽称"摄皇帝"，为正式篡夺皇位的前奏，其狼子野心昭然若揭。因此，王莽居摄才一个月，便有刘氏宗室安众侯刘崇起兵讨伐。刘崇认为王莽"专制朝政，必危刘氏"，率领百余人造反，喊出了反对王莽的第一声。但是此次起义毕竟势单力薄，攻宛城不下，很快就失败了，刘崇也死于乱军之中。此时对王

莽的反抗还是个别的，大多数吏民百姓还不会立即参加到反抗王莽的行列中来，相反，一些与刘崇有牵连的人还主动向王莽输诚，以表示与乱军划清界限。

居摄二年（公元7年）九月，东郡太守翟义立严乡侯刘信为天子，起兵反对王莽，拉起的队伍达十多万人，郡国震动。这次真的把王莽吓坏了，整天抱着4岁的孺子婴到郊庙祈祷，并向各郡国承诺，自己会像周公那样，摄政只是暂时的，同时派遣各路兵马前去镇压。十二月，翟义军西进至圉县，被官军围住，经过一番激战，起义军彻底失败。

两次暴动的顺利平息，使王莽对自己的力量更加充满信心。正当王莽准备实施篡汉的最后一个步骤的时候，他的母亲去世了，而此时，这位曾经以大孝享誉朝野的王莽，却没有丝毫的悲哀。使他感到为难的是，究竟该为母亲举行什么形式的葬礼。如果王莽仍是一个摄皇帝，他的母亲就仅有一个与侯爵相当的功显君的封号。只有王莽做了真皇帝，他的母亲才有皇太后的名分。这件事情被经学大师刘歆解决了，他为王莽这个四不像的皇帝提出了一套四不像的服丧办法，即让王莽以皇帝对待诸侯王的礼仪为其母亲治丧。这表明，在孝与权发生冲突时，孝便成了牺牲品。王莽宁愿断绝血缘关系，也一定要抓住摄皇帝的名号和位子。

葬仪上的尴尬局面，使王莽的篡位势在必行。在王莽夺权的过程中，除了对付武力反抗，一般都不使用大规模的杀伐手段。因此，篡汉的最后一幕，王莽决定继续使用老办法，让符瑞来昭示天意，高奏胜利的凯歌。

居摄三年（公元8年）十一月，窥透王莽心思的广饶侯刘京、车骑将军扈云、大保属臧鸿，分别奏上显示天意要求王莽做皇帝的符瑞。后来，又有太学

生哀章献两签铜匮的事。

铜匮的符瑞使王莽十分高兴，坚定了他应天命做皇帝的决心。于是，王莽迫不及待地来到未央宫，在党徒的欢呼声中登上龙座，宣布了即天子位的诏书。诏书共一百八十三个字，首先讲王莽是黄帝、舜之后，是元后的亲属，是龙种；其次讲神授，皇天上帝和汉高祖都授权王莽，王莽不好违抗，只得接受；第三讲改制，首要的是改国号，"汉"换"新"。正朔十二月为正月，居摄年号刚改为初始，马上又改为始建国。这一诏书就是王莽篡汉的诏书。

接着，王莽就办了交接手续。封孺子婴为定安公，将平原郡的五个县作为定安国，在国中立汉祖宗之庙，世代祭祀。平帝的皇后，即王莽的女儿，被改称定安太后，居住在定陶馆。让孺子婴居住在一批门卫把守的府第，不许任何人跟他说话。孺子婴长大后，什么也不

懂，连话都不会说。王莽还把王宇的女儿，自己的孙女嫁给这个饱受摧残的人。王莽又牺牲了一个亲孙女！

王莽对自己这边也要做安排。首先立妻子为皇后，立儿子王临为皇太子，封儿子王安为新嘉辟，王宇的六个儿子也被封为公。又按铜匮上所说的，让王舜、平晏、刘歆、哀章做四辅，地位最高；封甄邯、王寻、王邑为三公；封甄丰、王兴、孙建、王盛为四将。共十一公。另外还封了新官数百人。

王莽得了帝位，成了一朝开国之君，终遂心愿，只是传国玉玺还在太皇太后手中，于是王莽就派王舜向元后索要玉玺。元后怒骂王莽，但又别无他法，不得已取出玉玺，狠命摔在地上。经这么

一摔，玉玺缺了一角，王莽就用金修补了。

王莽做了皇帝，建立了一个与汉皇朝异统的"新"皇朝。但元后是汉朝的太皇太后，佩戴的是汉朝的玺绶，这与新朝是很不协调的，于是王莽开始考虑如何去掉元后的旧号。后来张永献符命铜璧，文字称："太皇太后当为新室文母太皇太后。"这个尊号很有技巧，既不用改掉"太皇太后"，又体现了由汉改新的变化。

废掉元后，王莽也感到有愧于这位姑母，于是为之起庙。元后的最后几年是在失国的悲愤中度过的，她与自己的官属都保持着汉朝的生活习惯，以此表示对汉朝的纪念。始建国五年（公元13年），元后含着恋主的哀愁，带着失国的悲痛，走完了自己的生命历程。

　　始建国元年（公元 9 年）元旦，王莽举行了盛大的登基典礼。到此为止，王莽已经完全建成"新"的朝廷，他确确实实地当上了皇帝，篡汉成了历史事实。

四、王莽改制

王莽自幼饱读经书,极端向往《周礼》等所描绘的古代制度,因而即位后,为缓和尖锐的阶级矛盾,在刘歆等经学家的帮助下,大力进行复古改制,推行各种新政。

(一) 名称改革

儒家有"名不正则言不顺"的说法,认为政治工作必须先"正名"。王莽继承

儒家的思想，按照儒家经传的说法，做了大量的改名工作。

王莽的改革即附会《周礼》，又对历代制度加以损益继承，最后形成了以四辅、三公、四将、九卿、六监为骨干的新中央官制，即前面所封的十一公：安新公、就新公、嘉新公、美新公、承新公、章新公、隆新公、广新公、奉新公、成新公、崇新公。每一公都有"新"字。这些被封"公"的人只是因为他们的名字是"王家""兴""盛"的意思，又是铜匮符命上有的，外表也有当官的派头，于是就被选拔出来，破格提为最高层的十一公。王莽利用这种机遇，证明了天命的神秘性，而实际上则体现了王莽意志的权威性。

秦汉时代的官制是公卿制度，立三公九卿。三公是丞相、太尉、御史大夫。

丞相，又称相国、大司徒。有时置左右两丞相。负责帮助皇帝处理一些事务。

太尉，又称大司马。掌管军事，统领各将军。

御史大夫，又称大司空。在殿内负责图籍秘书，对外监察各级官吏，接受公卿的奏事，汇总情况，向皇帝报告。

秦汉的九卿是：太常、光禄勋、卫尉、太仆、廷尉、大鸿胪、宗正、大司农、少府。

秦汉的地方长官，郡有太守，县有令、长。几个郡合为一州，派州刺史负责监察工作。

这些禄制在秦汉时代，虽有一些变动，但三公九卿是基本不变的，公卿以下的属员一般根据需要设置，数量不等。

王莽对这些制度、名称作了一系列改革。三公各置一个助手，大司马有"司允"，大司徒有"司直"，大司空有"司若"。九卿中大

司农改名"羲和"，后又改为"纳言"；大理即廷尉改称"作士"；太常改"秩宗"；大鸿胪是接待外宾的长官，改称"典乐"；少府改为"共工"。

九卿分属于三公。每一卿设置三个大夫，每一大夫设置三个元士。这样就有了完整的以三为倍数的官员体系。三公、九卿、二十七大夫、八十一元士这种设置是受了董仲舒的影响。董仲舒在《春秋繁露·官制象天》说："王者制官，三公九卿二十七大夫八十一元士，凡百二十人，而列臣备矣。"董仲舒还用天象来证明这是王者据天象而设置的官

制。王莽相信天命，就照此办理。

此外，秩百石改庶士，三百石叫下士，四百石叫中士，五百石叫命士，六百石叫元士，千石叫下大夫，比二千石叫中大夫，二千石叫上大夫，中二千石称卿。各个等级官员的服饰和车辆都有差别。又设置了司恭、司徒、司明、司聪、司中大夫及诵诗工、御膳宰等。

对一些建筑的名称，王莽也做了改动。长乐宫改常乐室，未央宫改寿成室。前殿改王路堂，门就是王路门，门外居摄一条王路，在王路上设"进善之及旌，诽谤之木，敢谏之鼓"，并派四个谏大夫坐在王路门听取人们的意见。

王莽新改的名称，很多都是参照了舜的制度名称。例如，舜任命垂为共工好、益为朕虞、伯夷为秩宗、夔为典乐、龙为纳言等。舜开四门，接待四方来宾，征询意见。王莽设王路四门也是想听取四方的意见，但是，仅过了几年，王莽

就听不进批评意见了。纳言冯常、大司马司允费兴都因进谏而被罢了官。王路上的诽谤之木、敢谏之鼓也都成为了摆设。

西汉时封了许多诸侯王，还封四夷的领袖人物为王。王莽根据"天无二日，土无二主"，认为这么多王是不合适的，不符合大一统的原则。于是，他决定将诸侯王都改为"公"，四夷的王都改为"侯"。王莽还把匈奴单于改为降奴服于，把高句丽改为下句丽。

王莽对官制的改革，在中央设置了比汉朝更多的高秩级官员和众多分司办事机构，同时也保留了中朝这一决策的核心和指挥调度全国行政运行的总枢纽。王莽正是通过这个总枢纽把大权牢牢地掌握在手中。而对外族的名称改革，虽满足了王莽的虚荣心，却引来了外交上的问题。

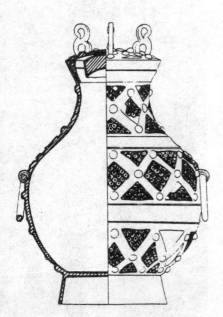

（二）创新禄制

王莽在官制方面，是分封与郡县并存，因此有授爵与任职的差别。

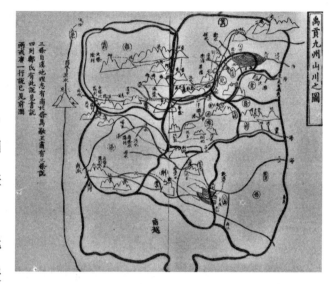

始建国四年（公元12年），王莽到明堂授诸侯茅土。明堂中有一土坛，是天子大社，由五色土组成，南方赤土，东方青土，西方白土，北方黑土，中央黄土。分封诸侯时，按封地所在方向取坛上一色土，用茅草包裹，带到封地去立社。茅草包的一色土，就是茅土，是受封者立社用的。

王莽按《禹贡》分九州，按周朝分爵五等。设诸侯、附城各一千八百员，用于赏有功者。公、侯、伯、子、男五等爵，公爵封万户，土方百里；侯、伯一国，五千户，土方七十里；子、男一则，二千五百户，土方五十里。附城大的九百户，土方三十里，小的只有十里。当时王莽授茅土的有十四公、九十三侯、二十一伯、一百七十一子、四百九十七男，共七百九十六人。附城一千五百一十一人。

授了这么多爵位，分了这么多茅土，但由于当时地理图集尚未确定，受封者不能到封地去立社建国收税，所以只能在京师等待，而朝廷发放的生活费又很少，受封者生活都很困难。官员们为了改善生活，只得各显神通，自己去创收了。有的人不得已去打短工，在封建社会中，这是很不正常的。但更多的官员是通过贪污受贿、假公济私来发财致富，导致奢侈腐化。节约财政开支的结果，是将本来应由政府发放的俸禄，让官吏自己通过不正当的手段向人民索取，最终受害的，只能是底层的百姓。官吏们竞相贪污受贿，形象日趋恶化，社会风气也就日益衰败。其实，朝廷给的俸禄少，也减弱了对官吏的影响力和控制力，降低了中央的控制权。

天凤三年（公元 16 年）五月，王莽颁布了"吏禄制度"，规定："四辅公卿大夫士，下至舆僚，凡十五等。僚禄一岁六十六斛，稍以差增，上至四辅而为万斛云。"僚是最低级，四辅是最高级，俸禄相差一百多倍。这是国库发给行政官吏的俸禄。封侯的就靠封地内收税来供养，丰收年，收入多，在礼仪上就充足些；有灾害的年份，收入就少，各方面就要削减一些。大司马、大司徒、大司空这"三公"也有所承包，各级官吏都随上司的损益而增减俸禄。王莽这样做，是要百官与丰歉相联系，与百姓同苦乐。但这种制度非常繁琐，很难计算，当官的收入不稳定，经常无法满足生活

支出，只能利用自己手中的权力假公济私，收取贿赂，来弥补俸禄的不足。

为了防止官场的不正之风，王莽派得力的官员到各地去进行督察，每郡都有一名督察员。王莽下令详细考察始建国二年以来，军吏和边疆各郡县的官吏中通过不正当手段发财的人，没收其所有财产的五分之四，作为边防经费。王莽希望通过这种措施可以起到禁奸的作用，但实际上，却发生了官吏告长官，奴婢告主人的事，社会更加不稳定。禁奸的结果，是奸情更严重。

在王莽的时代，哪个地方如实反映情况，就会增加负担，经济困难，人民生活水平下降。哪个地方隐瞒产量收入，经济情况就会好些，人民的日子也会好过一点。由此可见，讲真话，办实事，却无法在那崇尚虚假的时代发挥应有的作用。

国家财政收入供养行政官员和军队，一般是没有问题的。财政紧张往往与灾害、战争、大兴土木以及滥封滥赏有关。王莽时期，财政收入增多，却舍不得发出去，吏禄定得更低，还经常借口灾害扣除吏禄。官吏因俸禄不足，贪污受贿成风，把负担转嫁给百姓，败坏世风。地皇元年（公元20年），在"府帑空虚，百姓匮乏"的情况下，王莽还大兴土木，毁汉宫，建九庙，又给财政增加了沉重的负担。

在重禄下，也会有官吏贪污受贿，但那是极少数，也容易撤换；在王莽时代的薄禄情况下，绝大多数官吏都贪

污受贿，难以全部撤换，即使全部换掉，也无法防止贪污受贿，采取强制措施，反而会使受贿更严重。薄禄使遵纪守法的官员清苦不堪；却使投机取巧、营私舞弊的官吏生活优裕。官风影响民风，世风自然日下。

（三）重划政区

改革中央官制的同时，王莽对地方行政区划分以及地名、官职也进行了多次改定。元始五年（公元 5 年），王莽依据《尚书·尧典》改汉十三州为十二州。始建国四年（公元 12 年）又依《尚书·禹贡》改为九州。同时，又以西周之制设东西两都，改长安为常安，做西都，以洛阳为东都。天凤元年（公元 14 年），王莽再一次重划全国行政区，以常安为中心，分城旁六乡，分三辅为六尉郡。以洛阳为中心，分城周为六郊州，河东、河内、河南、弘农、南阳、颖川为六队郡。此外，都城周围五百里内设内郡，五百里之外设近郡，边境地带设外郡。全国共设九州一百二十五郡，二千二百零三县。每州设州牧为最高行政长官，同时兼任监察官。

王莽还频繁改定郡县官吏的名称。始建国元年（公元 9 年），王莽改郡太守为大尹，都尉为太尉，县令为县宰。天凤元年，王莽下令，在六乡各置帅一人；六郊州各设州长一人，人各主五县。在六尉、六队各置大夫，职如郡守；置属正，职如都尉。改河南大尹为保忠信卿。由

于郡县长官多数都有爵位，其官职因爵位高低而异。一般郡太守，若以侯爵任之，称卒正；以伯爵任之，称连率；无爵者任之，称大尹。都尉，以子爵任之，称属令；以男爵任之，称属长。边境地区设竟尉，以男爵任之。

王莽重划的行政区，较西汉增加二十六郡，六百十五县。郡县面积都较西汉有所减少。随着农民起义的风起云涌，王莽逐步增强郡县官吏的军事责任。地皇元年（公元20年），王莽下令卒正、连率、大尹加号为将军，属令、属长为裨将军，县宰为都尉，实行军政合一的地方官制。

王莽的政权是用篡夺的方式窃取的，所以，他很担心臣下"以其人之道还治其人之身"，所以大力强化监察制度。

在中央，设五威司命，作为最高监察官，开府置吏，监察所有朝中官员，亲信陈崇被任为五威司命，对"不用命

者""大奸猾者""铸伪金钱者""骄奢
逾制者""漏泄省中及尚书事者""谢恩
私门者"进行监察。

　　为了加强对地方官员的监察，王莽
还设立中郎将和绣衣执法等官，随时
接受皇帝差遣到地方行使特定的监察
之任。州和部是常设的地方监察机构，
而随着对州的行政、军事职能的强化，
部的监察职能不断增强，当时全国设
二十五部，各置部监一人，位上大夫，各
主五郡，其职能与汉的刺史相当。地皇
二年（公元 21 年），又置部监副，秩元士，
协助部监强化监督事宜。在郡县，设置
左右刺奸，负责所辖地区的监察工作。

　　王莽设置了从上到下的较为严密的

监察网络，对上至四辅三公的高官，下至一般的郡县小吏，都施以严格的监察，以使大小臣工死心塌地地为他的皇朝服务。

（四）外交匈奴

西汉的外交，排在第一位的是匈奴，打打停停，战战和和。虽然双方各有胜负，汉朝始终处于优势一方，但匈奴却以顽强的性格保持独立的地位，从来不屈服，只是有条件地妥协，始终作为自主的汉朝邻邦。匈奴令汉朝皇帝伤透了脑筋。扬雄认为匈奴"真中国之坚敌"。

王莽秉政时，并没有把匈奴视为"坚敌"。讨好元后时，王莽让匈奴单于派王昭君的女儿须卜居

次云来侍候元后，并给单于很重的赏赐。

王莽规定一个人不得有"二名"。他派使者去给匈奴单于做工作，劝单于改为"一名"，并答应给予厚赏。匈奴单于名囊知牙斯，他上书王莽，改名为"知"。王莽很高兴，向元后禀报，说大汉德高望重，外夷慕化，并重赏了"知"。

处理了几回事以后，王莽觉得匈奴很好对付，很听话，无非就是多给点赏赐。于是，王莽决定把匈奴单于改为降奴服于，对于一个一直不肯屈服的民族来说，这无疑是一个屈辱性的名称。王莽派五威将王骏率领甄阜、王飒、陈饶、帛敞、丁业等人，带着厚礼去馈赠单于，要用新印更换汉朝封给的故印。故印的文字是"匈奴单于玺"，王莽给单于的新印的文字是"新匈奴单于章"。在汉代，只有诸侯王以下的官爵才有"章"字，而且新印又加了个"新"字，这明显是把匈奴当臣下看待。但是单于接受了很多礼物，对新制的印也没在意，故印就被王骏等人换走了。晚上，陈饶提出，如果单于发现印文变了，要索取故印，怎么办？于是汉朝使臣就把故印砸了。第二天，单于果然派人来要故印，陈饶拿出已经砸

烂的故印碎块，单于也就无可奈何了。但是，从此埋下了祸根。自宣帝以来，八十多年间，汉与匈奴和好，边疆人民安居乐业。王莽决策的失误，几年间就将几十年积造的好形势付之东流。

匈奴单于知死后，他的弟弟咸立为单于。咸刚即位，就派使者向王莽提出和亲，并要求汉归还在常安做人质的儿子登。王莽又送了许多礼物给单于，同时答应送还登，并提出要引渡从西域叛逃匈奴的官员陈良、终带等。单于就把陈良等抓来，送到了常安。匈奴使者回来以后，单于咸知道了自己的儿子已被诛

杀，于是怀恨在心，就派兵从西部进入汉境抢劫，说是民间盗贼，或是西域乌桓人，政府难以制约。

天凤二年（公元 15 年），单于咸提出要把儿子登的尸体运回，王莽答应了。王莽怕咸怀恨在心，就把当时建议诛杀登的将军陈钦抓入了监狱。陈钦知道王莽要拿自己的性命向匈奴做交代，就自杀了。王莽又派了能说会道的儒生王咸为大使，五威将伏黯为帅，护送登的尸体去匈奴。王莽还提出了归还的条件：一是挖开单于知的坟墓，鞭尸；二是要匈奴退到沙漠北边去；三是要匈奴献出一万匹马、三万头牛、十万头羊；四是要匈奴送还掠去的汉民。面对这么苛刻的条件，匈奴单于竟被王咸说得理屈词穷，只得答应下来。这次出使，还把"匈奴"改为"恭奴"，"单于"改为"善于"，赐给印绶。封王昭公的女婿当为后安公，当的儿子奢为后安侯。单于得到很多礼物，因此表面上各项条款一概接受，暗地里仍然让兵士到边境去抢劫。

天凤五年（公元 18 年），单于咸死，他的弟弟舆立为单于。王莽要封当为须卜单于，想出兵辅立他。这就激怒了单于舆，匈奴大兵南下，边境全线崩溃。正好天下大乱，汉兵诛了王莽，这场复

杂而失策的外交也就不了了之了。

在对外关系中，王莽采取的措施是：用物质财富换取匈奴对某些名称的承认，以便满足自己的精神需要。而这导致了他政治的失败。

（五）恢复井田

在以农业为主的社会里，土地是最主要的生产资料。土地问题是关系到国计民生的最重要的问题。

周时，"普天之下，莫非王土"，土地都是属于周天子的，实行井田制。孟子认为的井田制是：当时乡是基层组织，一个乡有一块一平方里的田地。按井字划分为九块，共九百亩，中间一块是公田，周围八块是私田，分给八家耕种。

这种井田制，将人民束缚在土地上，而土地每户都是一百亩，不能增减，没有贫富，是一种古老的"均田制"。春秋战国时代，开辟土地、扩大地盘、争城夺地成为战争的重要目的。秦国的商鞅变法，主张废井田、开阡陌、允许土地买卖、鼓励耕战，达到富国强兵的目的。这样一来，有的人家可以扩大许多土地；有的人家因天灾人祸，贫穷到只好把土地卖掉。一家占了别家的土地，在古代叫做"兼并"。汉承秦制，土地兼并更加严重。

王莽试图解决土地兼并问题以稳定封建统治的根本大计。始建国元年（公元9年），王莽在颁布井田制的诏书中，痛斥了秦汉以来土地兼并之害，并提出了他的均田理想和方案。王莽认为古代实行的井田制，一对夫妻有地百亩，生活富足。于是下令把所有土地收归国有，称为"王田"，不得买卖。一家男性不到八口的，占田不能超过一井，即九百亩；超过一井的，要将多余的部分分给亲戚乡里耕种；如果没有田的，那就由国家

分配规定的田地；如果有非议井田制的人，那就把他流放到边疆去。

王莽用井田制来进行均田，纠正当时土地兼并、贫富两极分化的严重社会问题，这一意向是好的。但是，他对此没有详细规定措施，没有建立一支推行这项改革的队伍，因而没能真正实行，这诏书成了一纸空文。

王莽实行的井田制，不可否认，也有其积极性：

第一，王莽确实抓住了当时社会问题的症结所在，即土地兼并的高度发展，是导致阶级矛盾激化和社会不安的根本原因。

第二，实行井田制的目的，是为了扭转秦以来"强者规田以千数，弱者曾无立锥之居"的地权不均现象，同时也是为了避免汉代"豪民侵凌，分田劫假"所加给贫苦农民的残酷租佃剥削。

第三，通过井田制的实施，要达到"一

夫一妇田百亩，什一而税"的均田理想，使小农有田可耕，租税不重，永远摆脱"父子夫妇终年耕耘，所得不足以自存"，以及"不厌糟糠，穷而为奸"的困境。这样，地主阶级的政权也就可以长治久安了。

第四，为了防止重新出现土地兼并的现象，必须以"王田"的名义，把全国土地的所有权收归国家，只给私人以土地使用权，以冻结土地买卖，避免产生贫富分化。

第五，王莽在称帝之前，曾在局部地区进行过均田的试验，并取得了明显的成效。因此，他的井田制并非空想。

尽管有积极性，但王莽的井田制还是失败了。因为这是王莽根据西汉晚期土地兼并的严重情况而制定的一项应急措施，虽与孟子针对战国时期土地问题而提出的"井田"蓝图是一样的，但如果说孟子的"井田"设想中还有一点劳役地租的影子("其中为公田"),那么王莽的井田竟连这一点影子都没有了。

在土地兼并之势已成,地主豪强势力十分强大的西汉末年,要在全国范围内实现这种"耕者有其田"的理想制度,实属不易。回顾一下西汉王朝对付土地兼并的措施,就可以知道王莽决心实行井田制,确有不得已的苦衷。

西汉历届政府为了阻止土地兼并的发展与缓和阶级矛盾,大体上采取过减轻田租、迁徙豪强、假民公田或赋民公田、限田政策的措施,但所做的努力,或是无效的,或是收效甚微的。王莽处于西汉末年,当时土地兼并已十分严重,阶级矛盾极端尖锐,并不是可以轻易解决的。因此,井田制的确是一个可以试行的土地方案。

只是在封建社会内部,实行以抑制土地兼并为目的的土地改革,必然是一

项十分复杂、十分艰难的工作。因为这
种改革，既不可能不触犯地主阶级的利
益，又不允许过多地损害他们的利益，
以免激起反抗；既要使广大贫苦农民享
有一定数量的耕地，又不能草率从事，
以免陷入混乱。王莽在实行土地改革时，
并未能深察当时的各种有利和不利条件，
从而采取较为灵活而坚定的政策，而是
一哄而起，仓促上阵，以致在执行过程
中弊端百出，结果半途而废，这应该是
王莽最大的失策之处。

　　始建国四年（公元 12 年），王莽下
令："诸名食王田，皆得卖之，勿拘以法。"

这实际是宣告了井田制的破产。

（六）奴婢制度

王莽在颁布井田制的诏书中，痛斥土地兼并之害的同时，也严厉谴责了奴婢制的惨无人道。他说："……又置奴婢之市，与牛马同栏，制于民臣，颛断其命。奸虐之人因缘为利，至略卖妻子。"因此，王莽下令改称奴婢为"私属"，并禁止买卖。名称的改变，意味着奴婢社会地位的提高，表明他们的身份是"人"，而不是牲畜。禁止买卖，则是为了防止奴婢

人数的继续扩大。

王莽实行这一政策的目的，是在保证官有奴婢的前提下，阻止劳动者主要是农民的奴婢化，以缓解农村劳动力的不足，从而保证国家的赋役之源。因为当时政府所征收的田租、算赋、口赋、户税等都是以自耕农的稳定为前提的。但是，新奴婢政策也同样存在不可克服的矛盾，奴婢"私属"，不准买卖，实际上是冻结现状，承认奴婢存在的合法性。特别是，政策并未规定奴婢后代可以改变身份，这就注定奴婢政策本身并不以解放奴婢为目的。

王莽在诏书中把奴婢问题和土地问题联系起来，说明他认识到奴婢问题实质上是土地问题的一个组成部分，只有土地问题解决了，奴婢问题才能彻底解决。因为恢复井田制后，农民有了土地，不愁衣食，奴婢产生的社会根源就没有了。

虽然王莽的新奴婢政策有其进步意义，但是由于井田制的失败，这一政策也就无法实现，禁止买卖奴婢的法令不得不随之终止。

不过，王莽并未因此而完全放弃他的禁奴主张，天凤四年（公元 17 年）又下令，将奴婢的口钱提高到一般人的三十倍，即达到每人每年三十六万，这是一笔不小的数目，如果真能执行，肯定会大大减少奴婢的数量。这实际是一种寓禁于征的政策。

（七）五均六管

王莽上台后，对经济政策作了重大

调整，使官商体系更加系统、全面、深刻。这些改革包括许多方面，主要是五均六管。

在始建国二年（公元 10 年），王莽根据国师刘歆的建议，颁布了五均令。五均，据《乐语》记载，是古代天子对市场所设立的制度，相当于现在的市场管理。天子派人管理市场，按商品的质量、时令季节，规定商品的统一价格。使"市无二贾（价），四民常均"。强者不能强买强卖，富者不许盘剥穷人。这样既可以增加公家财政，又对老百姓有好处。

王莽实行五均，着重于控制当时不断上涨的物价。王莽把实行五均的城市称为五均市，这样的城市有长安和五都即洛阳、邯郸、临甾（淄）、宛（河南南阳）、成都。王莽又根据这几个城市的地理位置，将全国划分为以洛阳为中心的中市区、以邯郸为中心的北市区、以临淄为中心的东市区、以宛为中心的南市区、

以成都为中心的西市区，以及长安特区。长安特区原来的东市改为京市，西市改为畿市。每一个五均市都设五均司市师一人，长安东市市令、西市市令改为五均司市师，洛阳、邯郸、临淄、宛、成都的市长分别改为中、北、东、南、西五均司市师。这些五均司市师手下都设交易丞五人，从事商业活动；设钱府丞一人，负责借贷事宜。王莽还在各市首次设置了类似现在储蓄所的"司市钱府"，工商业者可以将自己的资本存放在那里，随需随取。

五均市推行的主要措施是：

1. 评定物价。各市以每季中月的商品价格为基础，根据商品的质量分为上、中、下三等，定出各类商品的标准价格，名之曰"市平"。在三个月内，各类商品均须按"市平"出售，不得任意涨价。如果商品超过标准价格，国家就将其抛售；如果商品低于标准价格，即任人自由买

卖。这样做的目的是平抑物价，保证城市居民生活的安定。

2.平衡市场供应。对于人民生活的必需品，如五谷、布帛、丝绵等，当市场上供过于求，商品滞销时，政府应核实成本，用原价收购，不让卖者亏本，这样做保证了生产者的利益；而当这些商品短缺时，政府则按"市平"出售，以保证人民生活必需品价格的稳定。

王莽统一物价的思想，其渊源可以追溯到战国时期农家许行曾提出的"市价不二，国中无伪"的价格学说。但是王莽对于物价管理的认识，远胜前人。

他不是死板地规定出一个一成不变的价格，而是根据季节的变化，适当地调整物价，并建立一套保证生活必需品供应的购销制度与之相配合。这样，就可以有效地做到使官方所定物价不至于流于形式。

3.办理赊贷。"赊"是一种无利息的贷款，对于有一时急用（如祭祀、丧葬等）而又无钱操办者，可以向政府借贷，但在规定的期限内必须归还，祭祀十天内，丧葬三月内。"贷"是一种低利息贷款，对象主要是从事生产和经营活动而又缺乏资金的小工商业者。这种贷款的利息仅从赢利额中提取百分之十作为年息。如不足—年,则按月计算,利息更低,仅取赢利额的百分之三。这种办法与西汉社会中"取倍称之息",甚至"其息十之"的高利贷相比,对贫苦人民无疑是十分有利的。

4.征收山泽之税及其他杂税。征收山泽之税并非起于王莽,但从王莽开始,可以说是通过征税的形式,正式把山泽富源公之于民。这样,贫民在交纳了一笔不重的税金之后,就可以充分利用山泽富源作为谋生手段,同时也丰富了市场供应。值得称道的是,王莽对于民间

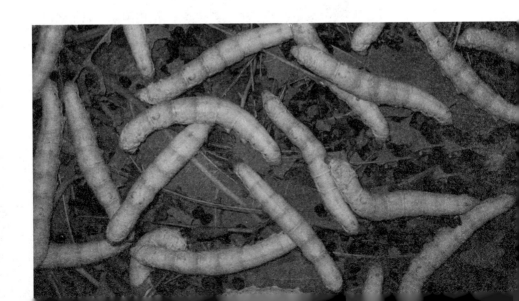

开发山泽富源，还懂得必须要有一定的节制，不允许滥施采伐。

除山泽之税外，五均官还负责征收蚕桑、织纴、巫医、卜祝、方技等杂税，并对游惰不事生产者进行罚款。这些税收，主要是作为采购生活必需品及赊贷的资金来源。

王莽对工商经济的管制措施，后来发展为六管。始建国二年（公元10年），王莽颁布六管令。

所谓"六管"，就是由政府直接掌管六项重大的经济事业。即盐、铁、酒由国家专卖；货币铜冶由国家专营；名山大泽由国家管理；五均赊贷由国家经办。王莽认为这六项是人民生活所必需，又不是家家户户所能生产的，关系到国计民生，所以，必须由政府来管理。对于每一方面的管理都规定了许多条例，违反者要受惩罚，严重者有死罪。

王莽在诏书中阐述了六管的作用，可以简单地归纳为"齐众庶，抑并兼"六个字。其实，王莽实行六管，主要是为了限制富商大贾的投机活动，以保证人民生活的安定，同时也是为了在不加重人民负担的前提下，增加政府的财政收入。

六管不是一次完成的制度，而是从始建国二年（公元 10 年）到天凤四年（公元 17 年），花了八年时间才建立起来的新的经济制度。

盐、铁、酒的垄断利润很大。以"县官酤酒"一项为例，当时规定一酿用粗米二斛，曲一斛作原料，酿得酒六斛六斗。酒的售价每三斛相当于粗米和曲一斛的价格之和。这样，从六斛六斗酒价中扣除原料价格，还余三斛六斗的酒价，其中的十分之三，即一斛八升用于补偿"丁、器、薪樵之费"，也就是用于工资、工具和燃料的开支，余下的十分之七即相当于二斛五斗二升的酒价为纯利润。利润高达 61.76%，因此，国家在从事酒专卖中可得到相当大的一笔收入。

盐的产地和种类都很多，据《史记·货殖列传》记载："山东食海盐，山西食盐卤，领南、沙北固往往出盐。"在六管中规定盐的生产由政府专营，盐也由政府专卖。

铁的产地必须有铁矿山。从记载中可知，在汉代，邯郸、临邛、南阳、鲁县都是产铁的重要地区。谁占山炼铁，谁就是大富翁。后来全由政府垄断经营，炼铁、制造铁器农具、销售，都由政府转办。

对山泽资源实行国家管制之后，百姓采取山林产品和水产品，也要向国家纳税，这也是国家相当大的一笔收入。

六管的设立，王莽虽依托"先圣"，并宣称来自《周礼》、乐语、传记等古典，但实际上大部分皆为继承或发展汉武帝时的制度。如盐、铁、酒专卖及货币由国家统一铸造，都是武帝时行之有效的政策。"专山泽之利，管山林之饶"，本为秦制，汉代税归少府，作为皇帝的"私奉养"，因此也非始于王莽。五均赊贷虽属新设，但武帝时实行的均输、平准政策，亦皆被王莽所借鉴。不过，这些方法，武帝实行的目的主要在于聚敛，而王莽则侧重摧抑兼并，以缓和当时日益激化的阶级矛盾。

王莽扩大了官商的范围，从盐铁扩大到六管。朝廷立羲和官（原为大司农，后改为纳言），下设命士，派往各郡负责监督五均六管事宜。各郡都有几个命士，这些人都是从富商中选拔出来的，他们

是商业的行家，奉命到各地去搜刮财利，十分内行。他们与郡县官吏狼狈为奸，账面上列有许多项目，而仓库中却没有那些东西。上骗朝廷，下欺百姓，使"众庶各不安生"。

当时，有个叫冯常的纳言官，看到六管之法在执行中的弊病越来越多，就上书王莽，劝谏他停止此项政策。王莽看了奏书后大怒，下令免去了冯常的官职，接着，命令酷吏侯霸等分督六尉、六队，给予他们类似汉代刺史那样的权柄，变本加厉地继续推行六管之法。

直到地皇三年（公元22年），即王莽垮台的前一年，为了缓解来自各方面的压力，他才勉强下诏废除此项法令，到这时，王莽才承认这也是一项失败的政策。在王莽颁布的所有改革政策中，五均六管是实行时间最长的。其所以如此，一是因为这些政策在实行过程中遇到的阻力不像王田奴婢政策遇到的阻力那么

大；二是因为五均六管政策为王莽的政权提供了重要的财税收入，巨大财富的诱惑使王莽不愿轻易放弃。

（八）屡改币制

在王莽众多的经济改革措施中，六管之一的货币改革是最混乱、最荒唐的一种。从居摄二年（公元7年）他宣布进行第一次货币改革起，到地皇四年（公元23年）新朝灭亡，十多年间，他四次下诏改革货币，五次下诏重申货币改革的命令和禁止民间私铸货币的严酷刑法。而每一次改革，差不多都是以小易大，以轻易重，运用政治权力强行推行新货币，对广大民众进行最直接、最露骨的掠夺。

第一次改革在居摄二年，当时王莽尚处于辅政时期。他于通行的五铢钱之外，下令增加三种新货币：大泉重二十铢，每枚币值五十；契刀每枚值五百；错刀每枚值五千。王莽解释增加新货币的理由是"周钱有子母相权"，而汉行单一的五铢钱，不便于流通。在商品经济相当发达的西汉社会中，使用面值较低的单一货币，在支付、携带、储存等方

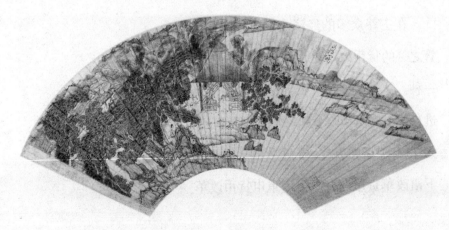

面，都会造成很多不便，适当地增加高值货币，无疑是符合市场需要的。但王莽对于如何合理地规定出新旧货币之间的比值关系，以保持货币的稳定性这方面的考虑还是不够的。例如大泉一枚，重二十铢，含铜量仅比五铢钱重一倍多，而币面价值却为五铢钱的五十倍。这就不可避免地要出现"民多盗铸"的现象，从而给货币改革带来混乱。

王莽为了防止民间盗铸价值更高的错刀，下令"禁列侯以下不得挟黄金"，并命令持有黄金者，"输御府受值"，但又"卒不予值"。这使王莽第一次在货币问题上失信于民。

始建国元年（公元9年），王莽发布了第二次货币改革的诏令。这时王莽已经代汉自立，为了消除一切与刘汉皇朝有关的事物和遗迹，不仅因刚卯佩玉

与"刘"字有关而被废黜，而且因五铢钱、契刀、错刀三种货币与"刘"字有关也被废止。为了符合"子母相权"之义，王莽在废除五铢钱、错刀、契刀之后，增发了径六分，重一铢的"小泉值一"，与前次发行的"大泉五十"为二品，一起通行。

长期以来，民间久已习用"重如其文"的五铢钱，认为大泉和小泉很不合理。因此，五铢钱私下仍被继续使用，民间甚至还出现"大泉当罢"的谣言。王莽深恐这一现象发展下去，必将破坏新币的信用，于是严令："诸挟五铢钱，言大泉当罢者，比非井田制，投四裔。"王莽强迫推行大、小泉的结果，曾一度出现了"农商失业，食货俱废，民涕泣于市导"的混乱局面。为了防止盗铸，又下令禁止民间采铜烧炭。同年底，王莽派建议大夫五十人到各郡国督铸新货币，加快旧币的兑换，增加新币的供应量。

第三次改革在始建国二年（公元10年）。这是王莽推行货币改革的一次最大胆的尝试，也是失败最惨的一次。王莽盲目地下令增加货币品种，扩大货币发行量。他把当时的货币分成五物六名二十八品。五物就是五种不同的货币材料：金、银、铜、龟、贝。六名即六种货币类型：金货、银货、龟货、贝货、布货、泉货。二十八品即标有不同币值的二十八种货币，其中包括黄金一品：黄金；银货二品：朱提银、它银；龟宝四品：元龟、公龟、侯龟、子龟；贝货五品：大贝、壮贝、幺贝、小贝、贝；布货十品：大布、次布、弟布、壮布、中布、差布、厚布、幼布、幺布、小布；泉货六品：大泉、壮泉、中泉、幼泉、幺泉、小泉。

这是一次纯属主观主义的货币改革，

不但没有达到"用便而民乐"的目的，反而造成"百姓愦乱，其货不行"的严重后果。王莽在事实面前，不得不宣布暂停龟、贝、布等币类的流通，专行值一的小泉与值五十的大泉两种货币。

第四次改革在天凤元年（公元14年）。王莽经过多次货币改革的失败，总结了经验教训，决心进行一次新的货币改革。这次废除了大、小泉，发行的货币仅有重五铢、值一的货泉和重二十五铢、值二十五的货布两种。这两种货币在制作规程上要求十分严格，含铜量也有明显的提高。与此同时，他又大贬大泉与新"货泉"同值，宣布推迟六年废除。

由于"货布"制作工艺较精，仿造不易，故盗铸现象减少。"货泉"在重量、形制、币值等方面都与汉五铢钱相当，这实际上等于恢复了五铢钱制。经过这次改革，王莽币制趋于简化和稳定。王莽的币制改革，前三次在不同程度上都是失败的，而第四次则取得了比较明显的成效。

王莽多次改革币制，历来为人们所诟病，但是，王莽对货币采取改革措施，是有原因的：

第一，西汉晚期，五铢钱已遭到严重的破坏，币制相当混乱，的确有重新进行整顿的必要。昭帝以后，官铸五铢钱即有逐渐减重的趋势，汉末甚至出现了仅及原重五分之一的小五铢。此外，还有大量的五铢钱被剪磨销熔，体积变小，严重的只余原币的三分之一。与此同时，私铸之风又起。元帝以后，盗铸更猖獗，货币质量也日趋低劣。扭转货币上的混乱现象，应该是王莽进行币制改革的重要原因之一。

第二，货币减重与"民多盗铸"的结果，必然使货币贬值和物价上涨。这

种现象在武帝时就曾经出现过，元帝以后，这一现象更甚。稳定币值，制止物价上涨，是王莽进行货币改革的另一重要原因。

第三，汉武帝曾多次采用改变币制的办法打击商贾，并取得了明显的效果。王莽屡次改币制，应该也含有这样的用意。

不过，古人并不真正了解货币原理，王莽也不例外。封建统治者总是企图通过行政命令的简单办法来达到自己所要达到的目的，而结果却往往适得其反。王莽屡改币制的结果，对于当时社会经济的正常发展以及人民生活的安定，无疑都会带来严重的不良影响。

（九）重调税制

西汉时代，文、景两代都是轻徭薄赋，三十税一，有时卖爵，减除平民的租税。武帝时代,"外事四夷,内兴功利",费用增加,国库空虚,以盐铁官营赚钱来补充财政。武帝末年,重视农业生产,在人民中提倡运用先进的农业技术,农业生产得到恢复、发展。

王莽篡汉以后,为了改革制度,说汉时三十税一实际上是"什税五"。有些贫苦农民租种富人的田地,除交税外,还要将大部分收获交给富人做田租。王莽为了说明汉制不善,证明自己改革的必要性和重要性,把特殊情况当做普遍情况,把汉制严重弊端化。

王莽根据《周官》来制订税制。他的税制实际上就是两条:

第一,田地没有耕种的,叫"不殖",这要出三夫之税。男子从 20 岁左右到 60 岁左右有劳动能力的,要为政府服役、纳税。这样的男子要在政府那里登记造册,称为"夫"。按夫所收的税,叫夫税、夫布,即劳动力人口税。不殖者,要出

三夫之税，比种地者增加两倍。城镇居民的住宅中不种树的称为"不毛"，不毛者出"三夫之布"。游手好闲而没有职业的，就是无业游民，要交一夫税再加一匹布。如交不起，或不愿交，可到官府去打杂、服役，由官府提供衣食。这是收拢无业游民的好办法，对稳定社会治安也是有好处的。

第二，对所有有收入的人民征收所得税。"取众物鸟兽鱼鳖百虫于山林水泽及畜牧者"，这包括渔民、猎户以及林业、畜牧业的生产者。"嫔妇桑蚕织纴纺绩补缝"，这包括衣服生产线上各个环节的劳动者。

实际上，以上的税收针对的是一切有实际收入的人。王莽要求每人都要对自己的收入做一下估价，向官府申报。除去本钱，计算出纯利润，然后分为十一分，自己留十，以其一分上交官府，相当于现在的个人所得税。如果不申报，或者申报不实，就会被没收全部所得，并要在官府服役一年。

十一税一，比三十税一提高了近两倍。税收的面也扩大了，汉代"不殖""不毛"都不征税，王莽却要收"三夫之税"。税额增加，是王莽税制的主要特点。人民"力作所得，不足以给贡税"，只好"起为盗贼"。王莽对汉制的否定，言过其实，而自己的改革却不能尽如人意，往往还不及汉制。

（十）改度量衡

在战国时代，各诸侯国都有自己的度量衡。秦统一中国以后，秦始皇着手统一度量衡，这样有利于文化交流、商品贸易以及交通运输等。汉承秦制，没有改变。

汉武帝时代，外事四夷，拓疆扩土，周边增加了许多郡，都是秦统一

领土之外的地方。这些地方也都有自己的度量衡，又与周边地区相互影响，使全国范围内的度量衡出现混乱，极不统一。而汉朝廷没有做这种统一工作。所以，到了新莽时代，度量衡的统一工作就成为一件十分迫切的事情。

汉平帝时期，刘歆负责统一度量衡的工作。王莽时代，刘歆是国师，他所统一的度量衡就成了新莽时代的度量衡。班固的《汉志》里记载的就是王莽改制后的度量衡。

据王国维说，始建国元年（公元9年），王莽曾将一种量器颁行天下，共一百余件。以此器为标准，天下度量衡又一次得到完全统一。这一百余件量器，后来逐渐散失，历史上又多次发现。今存故宫博物院坤宁宫的是一件完好的量器，王国维称为"新莽嘉量"。王莽时代的度量衡标准器，只有新莽嘉量是完整的原器，度与衡的标准均已破损残缺。

不过，今人可以根据现存实物和史书记载研究出新莽时代的度量衡全部定制。

新莽嘉量中央是一个大圆柱体，近下端处有底，底上为斛量，底下为斗量。两边还有两个小圆柱体：一个小圆柱体，底在下端，为升量；另一个小圆柱体，壁甚厚，底在中间，底上为合量，底下为龠量。这个量器，向上是斛、升、合，向下是斗、龠，共五个量。这五个量内均为圆形，但径长多少却没有说。

在斛上铭文中记载，斛深一尺，斛内圆容一边为一尺的正方形，正方形四角与斛内壁不直接，略有空隙。这样，尺的标准就可以推算出来了。十尺为丈，十丈为引；尺的十分之一为寸，百分之一为分。尺的标准确定以后，分、寸、尺、丈、引五度也就可以确定了。

《汉书·律历志》说嘉量"其圆象规，其重二钧"，新莽嘉量重量的一半就是一钧，钧的标准确定以后，根据"二十四

铢为量，十六两为斤，三十斤为钩，四钧为石"，铢、两、斤、钧、石五权的标准量也就可以确定了。

因此，发现新莽嘉量原器，在中国度量衡史上意义重大，整个中国度量衡实制，几乎都可以由此器证实。

据刘复推算的结果，新莽的一尺为23.08864公分；新莽的一升为200.63492公撮；新莽的一斤为226.6666公分（克）。按古代货币来校验重量也是一种可供参考的方法。用新莽时代的货币平均重量，计算得出一斤为218.794公分（克），比嘉量所推算出的值要小一些。可能由于货币在商品交换中不断流通、磨损，而嘉量则不磨损的缘故。

新莽所流传下来的度量衡标准器并不多，而它的影响却不小。度量衡于始建国元年颁给各郡国，起了统一度量衡的作用，后来，虽然标准器散失不存，而当时统一了的定制却已在民间流传、应用。东汉仍然采用新莽时的定制。

王莽度量衡改革影响很大，基本上奠定了中国以后两千多年的度量衡制度的格局。这就是王莽改制中影响最为深远的一个内容。

（十一）仿周礼乐

新朝建立以后，王莽是言必称三代，事必据周礼，将所有的政令、制度、设施、改革方案，从王田奴隶政策、五均六管之法，到爵位、官制、礼乐，总而言之，一切言谈举止，都搞得古色古香，下决心给全国臣民百姓以唐虞再世、文武周公复生的感觉。

始建国四年（公元 12 年）二月，王莽亲至明堂，演出了一场授茅土的滑稽剧。他以《尚书》《周官》《诗》等儒家

经典为依据，制定出一个地分九州，爵有五等，裂地分封，授爵授茅土的办法，这在前面的创新禄制一节已经谈过。王莽的这套把戏，是用理想化的周代分封制度欺骗他的臣僚，让他们在对未来的土地、领户与财富的向往中望梅止渴，来一番自我陶醉。

王莽做皇帝以后，对制礼作乐特别感兴趣。因为在他看来，礼与乐更多的体现在形式上，最容易给人耳目一新的感觉。王莽登基时，就对新朝的正朔、服色做了与汉朝相区别的规定。只因为礼乐制度涉及的范围太广，他一时还来不及对汉朝的礼乐制度实行全面的改定，只能急用先改，对某些礼乐如朝礼做了部分变革。天凤元年（公元14年），王莽打算行巡狩之礼，虽然没有实施，但制定了一套巡狩之礼。第二年，他又纠合了一帮公卿大夫、文人学士"制礼作乐，讲合《六经》之说"，进行全面地、大规模地制礼作乐。

据《汉书·王莽传》记载，天凤六年（公元19年），"初献《新乐》于明堂、太庙"。地皇三年（公元22年）正月，九庙建成，王莽举行谒庙大典，乘六马拉的华盖车，着五彩毛龙文衣，元戎十车在前引导，这表明已有了祭祀祖庙的礼乐。其他礼乐情况，已不清楚。

尽管当王田奴婢政策改革失败之时，农民起义的烈火已经在某些地区点燃，然而王莽对制礼作乐却倾注了前所未有的热情。因为他有一个坚定的信念，即礼乐定则天下平，礼乐兴则万民化。可是，这帮颇具儒学素养的公卿大夫从早到晚，议来论去，连年不决，礼和乐都难产。大概终至王莽去世，新朝完整的礼和乐也没有制定出来。

五、人祸天灾

改制的失败，上层的内讧，吏治的腐败，人口的膨胀，以及水旱之灾不断地袭来，使得王莽的"新朝"成了人间地狱。

（一）大厦将倾的颓势

王莽获取至尊权位虽有其卑劣的一面，但也是当时社会发展的必然结果。

其一，自汉高祖建国以来，长期实

行仁政分权、休养生息政策。然而，长期宽松的政治经济政策使民间富豪滋生。土地兼并、贫富差距等问题日渐严重，也使得刑律疏松、权力分散，动辄出现内乱分裂，外敌侵扰不断，为汉王朝埋下了自此日衰的隐患。

其二，自吕后始世代沿袭外戚侵权、后宫干政的政策，到元帝时已愈演愈烈，积重难返。而王莽任大司马时，汉室连续出现幼主即位，大司马从辅政到摄政，直至"居政"乃势所必然。

其三，自汉初始，迷信之风，从董仲舒的"天人感应"到西汉中后期的符瑞、灾异等，为王莽炮制谶纬篡权提供了社会思想基础。

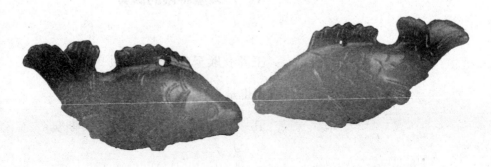

最后，宫廷、皇帝与外戚的荒淫奢侈，财政极端困窘，社会矛盾极其尖锐。可谓"汉室气数已尽矣"。

面对这样病入膏肓的社会，王莽纵有补天之才，怕也无回天之力了，失败似乎已在前方等待他了。

（二）不依现实的改革

在中国，自从秦始皇建立专制主义中央集权的行政体制后，郡县制就是比较符合国情的地方行政体制。王莽却要全面恢复西周的分封制，实在是一种历史的大倒退。按王莽设计的五等爵位制，将有诸侯之员一千八百人，每人万户，将需一千八百万户分封给他们。这已经超过当时全国的总户数，更不用说还有侯、伯、子、男领有的户口了。

王莽时代，一夫一妇受田百亩的规定是无法兑现的。据《汉书·地理志》记载，

哀帝元寿二年全国共有一千二百二十三万三千零六十二户，已垦土地为八百二十七万零五百三十六顷，户均不足六十八亩，即使全部土地都按户均分，也无法达到这一规定。

王莽的五均六管政策，实行的结果证明它是一个以聚敛财富为目的的搜刮政策，经济秩序更加混乱。王莽的货币改革，违背了货币发行与流通的客观规律，只能以失败告终。

（三）贤愚共舞的朝堂

王莽执政期间的人才使用情况，充满了混乱和任人唯亲等现象，以服从己意为近乎一切的标准。

　　新朝的朝堂，有儒学大师刘歆的政治悲剧；也有靠投机爬上高位的军政骗子哀章；有除了忠心毫无才能的甄邯、王巡、王邑等人；也有凭借关系损人利己的甄丰父子；有背弃儒学信仰追逐富贵的崔发；也有不明不白地被抛向政治顶峰却又不由自主地被牵连进谜案而死去的王兴。

　　在王莽的官僚队伍中，委以重任的不是那些头脑清醒、颇具政治军事才能的优秀人物，而是一些投机取巧、投其所好的奸佞之辈。王莽就是带领着这样一批骗人又骗己的人物，进行了中国历史上最荒唐的一次改革，最终使自己的王朝走向了灭亡。

（四）接连不断的天灾

如果真有天人感应的话，那么也许是王莽的倒行逆施激怒了上天，抛开他坐上皇帝宝座之前的情况不谈，单是他称帝之后，自然灾害就开始日甚一日地袭击已满是伤痕的王朝。

王莽称帝的第一年，即始初元年，"春，地震，大赦天下"。

始建国元年，"真定、常山大雨雹""冬，雷，桐华"。

始建国三年，"天下遭阳九之厄（旱灾），比年饥馑""濒河郡蝗虫生""河决

魏郡元城（今河北省大名附近），泛清河以东数郡"。

天凤元年，"四月，陨霜，杀草木，海濒尤甚。六月，黄雾四塞。七月，大风拔树，……雨雹，杀牛羊""缘边大饥，人相食"。

天凤二年，"邯郸以北大雨雾，水出，深者数丈，流杀数千人"。

天凤三年，"春，二月，乙酉，地震，大雨雪，关东尤甚，深者一丈，竹柏或枯"。

天凤四年，"枯旱、蝗虫相因"。

……

在那个半靠天半靠人的农业社会里，如果天不随人愿，只要能尽人事，即使灾害肆虐，社会也不会陷到不可挽救的绝境；但是，天灾加上人祸，那就只能是祸国殃民的浩劫了。

六、新朝丧钟

在天灾和人祸的双重蹂躏下，臣民百姓再也不堪忍受了，各种反叛势力接踵而来，撞击着摇摇欲坠的新朝统治。

（一）烽烟四起

在王莽由居摄到篡汉的一段时期内，即从居摄元年(公元 6 年)到天凤三年(公元 16 年) 间，反对王莽的，主要是原汉朝宗室贵族和拥刘派的官僚地主。

贵族为了争夺利益而起兵，一直安顺的百姓也由于难以忍受社会的黑暗，纷纷揭竿而起。

居摄二年，从茂陵以西至汧县（今甘肃陇县）三百多里包括二十三县的广大地区，几乎同时爆发了反对王莽的农民起义。经过一番激烈的战斗，起义军被镇压了。

始建国三年，不少地方的农民由于忍受不了因对匈奴战争而进行的大规模征发，"弃城郭流亡为盗贼"。到天凤二年，做了盗贼的农民逐渐汇合成多路起义军，在五原（今内蒙古包头一带）、代郡（今河北代县一带）对王莽的官军发动进攻。

天凤元年，在濒海的琅玡郡海曲县（今山东日照）爆发了吕母领导的起义。这支军队多次取得胜利。

天凤四年，临淮（今江苏省泗县附近）瓜田仪起义，在东南地区展开了坚持数年之久的反对王莽的武装斗争。

　　天凤四年时，绿林山附近饥荒严重，王匡、王凤趁机鼓动起义。地皇二年，起义军与官军激战云杜（今湖北京山），官军惨败。地皇四年，起义军建立更始政权，与王莽政权遥相对立。

　　天凤五年，琅玡（今山东诸城）人樊崇聚众百人起义。后来，齐鲁大地的各路起义军纷纷投到樊崇部下，起义军逐渐壮大。地皇二年，王莽派军镇压，官军遭受很大损失。这支起义军的战士将眉毛染成红色，这就是历史上赫赫有名的"赤眉军"。

　　全国性的起义如洪波奔涌，从各个角度冲击着王莽的统治，这预示着，王莽和他的新朝的末日已经到来了。

（二）众叛亲离

王莽的政权在声势浩大的起义的打击下风雨飘摇，其内部的危机更是不断加剧。王莽对身边人越来越不信任，其他人对王莽也逐渐失去了信心。臣子的离叛事件一天比一天增多，王莽的儿孙更是觊觎着皇位，妄图取而代之。

始建国二年，发生了甄丰父子的谋叛案，数以百计的中央和地方官员因牵进该案而遭诛杀。

地皇二年，魏成大尹李焉与其卜者王况策划了一起诛杀王莽、取而代之的密谋。不料奸细告密，李焉等人被诛杀。

地皇四年，三辅地方爆发了反对王莽统治的起义。王莽的重要爪牙王涉、备受冷落的刘歆、大司马董忠合谋了这次宫廷政变，打算杀掉王莽，向更始政权投降。此次密谋被告密，王莽在惊慌之余部署了秘密诛杀。

朝堂的事令王莽焦头烂额，家里的事更让他痛心疾首。

　　天凤五年，王宇的儿子王宗，制造了自己代替王莽做皇帝的符命，被王莽发现后，王宗自杀。王莽还把这次牵连在内的人全部杀掉，其中包括王宗的姐姐王妨及其丈夫王兴。

　　地皇元年，王莽以王路堂被毁为借口，废除了早有异心的太子王临。地皇二年，王莽妻子病危，王临不被允许进京探视，只得写了一封书信诉说自己的苦闷。不料信落到了王莽手里，于是王莽逼王临饮药自杀。

　　王临死后不久，王莽的另一个儿子，新迁王王安也病死了。

　　这样，王莽正妻所生的四个儿子皆已死去，加上做了平帝皇后、早已守寡的女儿，和被杀的孙子、嫁给废人孺子婴的孙女，王莽可谓是孤家寡人了。

（三）莽帝陨落

面对铺天盖地的讨伐呼声，王莽还在自欺欺人地上演政治骗局，结果只是徒劳。

起义军所到之处，地方官员纷纷缴械投降，王莽只得派重兵守卫常安城门，却也无法阻挡凌厉的攻势。

地皇四年（公元 23 年）十月一日，起义军攻破了常安城东北的宣平门，此时只剩下王邑等一帮最忠实的党徒还在为王莽卖命，进行着无望的抵抗。十月一日，起义军进入皇宫，放火焚宫。十月

三日，王莽见宫中无法保全，就逃到了
渐台——一个池水环绕的小岛——进行
最后的挣扎。最后，王莽党徒矢尽援绝，
王邑父子、王巡等人，都死在了起义军
的刀下。王莽一个人躲进了渐台上一间
小房子里，有个叫杜吴的人冲进这间房
子，一刀结果了王莽的性命。王莽死后，
他的头被割下，人们互相投掷；舌头被
人切下来生吃了；身体也被砍烂了。即使
这样，也难解人们心头之恨。

　　一个辉煌一时、忙于改制的皇帝，
就这样结束了传奇的一生。

七、王莽评说

王莽是中国封建社会历史上第一个
用篡政的办法窃取皇位的人，他的篡位
是对封建正统世袭制的挑战。这样一位
叱咤风云的人物，生前身后，总会引来
各种评说，有褒赞，也有谩骂。

（一）前人评王莽

在王莽刚当上宰衡的时候，扬雄就
说，自周公以后，作为臣子还没有像王

莽这样美德的人；对于王莽的改制，扬雄也看做是"美新"。扬雄死于王莽大败之前，所以留下这样的称颂，也是正常的。

桓谭认为王莽失败的原因在于他不识大体、残酷和迷信鬼神。桓谭亲眼看到王莽从兴盛到衰亡的全过程，结合历史经验，能够评价得比较客观。

王充引用邹伯奇的话，说："桀、纣之恶不若亡秦，亡秦不若王莽。"王充生在东汉初年，从小就在骂王莽的社会中成长，自然要说王莽坏。

班固写《汉书》时，没有给当了新朝皇帝的王莽立"纪"，在列传中，王莽排在最后，这种倾向是十分明显的。但在《王莽传》里，班固虽然说王莽可恶，但对他在篡汉之前的善良表现，还是一一记载，并不因为后来败亡而完全否定。

司马光的《资治通鉴》虽是一部严谨的历史著作，但对王莽的评价却承袭了《汉书》的基本倾向，并且丰富史料，把王莽"乱臣贼子"的形象进一步强化了。

王夫之在《读通鉴论》中，从人心

与风俗的变化探索王莽篡汉成功的原因，显示了不凡的眼光。但在"乱臣贼子"这一点上，王夫之没有进步。

……

封建社会的思想家和史学家对王莽的观点虽并不完全一致，但都是从封建道德出发作出的道德评价。

胡适认为王莽是一个"社会主义者"、一个空想家和无私的统治者，他的失败是因为他的思想和政策太超前了。

范文澜从马克思主义学说出发，认

为王莽是用欺骗的方法来解决问题，得出的是对王莽否定的结论。

翦伯赞对王莽作了基本肯定的评价，认为从王莽大胆进行改良就可以看出，他是历史上最有胆识的政治家。

郭沫若对王莽采取了全盘否定的态度，认为王莽的一系列政策，不但没能稳定秩序，反而使人民更加苦难，阶级矛盾更加激化了。

（二）盖棺难定论

王莽的反对者认为王莽篡汉的行为卑劣，改革把社会弄得更加混乱；王莽

的支持者认为王莽是伟大的改良家，改革的失败是有深刻的历史原因的。

最近十多年来，我国学术界在王莽的评价问题上的争论仍在继续。王莽建立新朝是外戚篡权还是顺应历史潮流；王莽改制是复古倒退还是改革创新；王莽是改革家还是野心家等问题，都在热烈的讨论中。

随着社会的发展，人们的学术视野将进一步开阔，视角将逐步转换，研究方法也将不断更新，人们对问题的认识必将层层深化，论点也会推陈出新。因此，对王莽的学术争论还会长期地继续下去。